AF339621

—

PREMIÈRE LETTRE.

AURONS-NOUS LA GUERRE?

Lutte entre l'Aristocratie et la Démocratie. — Ruses et violences de la Coalition étrangère depuis 1791 à 1840.

DEUXIÈME ÉDITION.

Prix : 15 centimes.

SE TROUVE CHEZ

PREVOT. — RUE BOURBON-VILLENEUVE, 61, ÉDITEUR.

ROUANNET. — RUE VERDELET, 4;

1840

Iʳᵉ LETTRE

SUR LA CRISE ACTUELLE.

AURONS-NOUS LA GUERRE?

LUTTE ENTRE L'ARISTOCRATIE EUROPÉENNE ET LA DÉMOCRATIE.
RUSES ET VIOLENCES
DE LA COALITION ÉTRANGÈRE DEPUIS 1791 A 1840.

Quand le Gouvernement lui-même proclame la probabilité d'une guerre Européenne; quand il prévoit la possibilité d'une prochaine attaque des armées étrangères contre Paris; quand l'existence de la Patrie, de la Liberté, de chaque Français, paraît mise en péril; c'est un droit pour chaque citoyen et un devoir pour tout patriote dévoué, de publier ce qu'il croit utile. Ce droit, nous venons l'exercer; ce devoir, nous venons l'accomplir.

A quoi serviraient des milliers de livres sur l'Histoire, si l'expérience des ruses de la Diplomatie, et des trahisons des Ministres, était perdue pour les Peuples; si les leçons si coûteuses du passé ne servaient pas à nous éclairer sur le présent et sur l'avenir? — Consultons donc l'Histoire, surtout les faits contemporains.

Dans tous les pays et dans tous les temps, nous voyons le Genre Humain divisé en deux grandes classes: l'*Aristocratie*, qui veut les priviléges et la domination; la *Démocratie*, qui veut la justice et l'égalité. C'est entre ces deux classes qu'est la lutte, plus qu'entre la Monarchie et la République ; car une *République aristocratique* serait, pour la Démocratie, pire qu'une *Monarchie démocratique*. Dans la République même, à Athènes, à Rome, l'Aristocratie et la Démocratie étaient perpétuellement en guerre.

Depuis long-temps, dans l'âge moderne, toutes les Aristocraties des grands États de l'Europe, dont les Rois ne sont que les chefs ou les instruments, sont *liguées* ou *coalisées* contre les Démocraties ou contre les Peuples, pour perpétuer leur domination en empêchant toutes les réformes.

Nous ne dirons qu'un mot du partage de la Pologne, un des premiers actes de cette ligue aristocratique. Bien que cette Pologne fût une République de Nobles et d'Aristocrates, qui avaient des serfs ou des Ilotes ou des esclaves, cette République étant guerrière, valeureuse, fière, avide d'égalité pour elle, passionnée pour l'indépendance, habituée à de grandes Associations ou Confédérations, accessible à tous les progrès de l'humanité, et prompte à suivre l'exemple de la France, elle inquiétait, troublait les Rois et les Aristocraties voisines. Aussitôt, les cours de Russie, d'Autriche et de Prusse, employant toutes les ruses, toutes les perfidies, tout le machiavélisme de la Diplomatie, la partagèrent, et donnèrent au monde le plus scandaleux spectacle de vol et de brigandage. Le règne de Louis XV est à jamais déshonoré pour l'avoir seulement souffert. Que devrait-ce donc être des Souverains co-partageants, si les Peuples étaient moins oublieux, et si les crimes heureux n'étaient pas, malheureusement, bientôt pardonnés ! — Le Roi de Pologne donna même l'exemple de la plus infâme trahison, en vendant et livrant sa Patrie, après l'avoir excitée à se défendre pour obtenir sa confiance et la mieux trahir ensuite.

Nous ne parlerons pas de la lutte entre l'Aristocratie Anglaise et la Démocratie Américaine.

La Révolution française éclate en 1789. C'est l'insurrection de la Démocratie contre l'Aristocratie , contre la Féodalité, la Cour, la Noblesse, les priviléges, les monopoles, l'inégalité.

Le Tiers-État, la Bourgeoisie et le Peuple proprement dit, ou les ouvriers ou les prolétaires, le Bas-Clergé, la majorité de la Noblesse de robe et d'épée, c'est-à-dire l'immense majorité de la Nation, se prononce avec autant d'enthousiasme que d'énergie pour la Révolution. *Quatre ou cinq millions* d'électeurs , réunis dans les Assemblées primaires et électorales, se déclarent révolutionnaires dans leurs *cahiers*. Il n'est point de fait plus certain, plus incontestable, que cette volonté de l'immense majorité Nationale en faveur de la Révolution.

Et le premier vœu des cahiers, de la Nation , c'est une *Déclaration des droits de l'Homme et du citoyen*, c'est la proclamation solennelle de ces deux principes fondamentaux :

« Les hommes naissent et demeurent libres et égaux » en droits... — La Souveraineté appartient à la Nation. »

Que Louis XVI, l'Aristocratie française et les Rois étrangers, respectent le vœu de la France ; et la Révolution ramènera la justice, l'ordre, la paix et le bonheur.

Mais Louis XVI et l'Aristocratie, voulant conserver leurs injustes priviléges , emploient tous les moyens pour maîtriser la Nation, ruse, perfidie, corruption, trahison, parjure, violence et guerre civile.

Vaincue par la Bourgeoisie , ou par la Démocratie bourgeoise et populaire, l'Aristocratie appelle à son secours toute l'Aristocratie Européenne, et lui céderait la moitié de la France pour conserver le reste.

L'Aristocratie Européenne (d'Autriche, de Prusse, de Russie et d'Angleterre) se coalise en effet pour envahir le territoire Français, détruire la Révolution, rétablir la Monarchie absolue, afin de la conserver dans toute l'Europe, et partager le pays avec les Bourbons, afin de mettre la France dans l'impossibilité de se régénérer.

Huit années de guerre avec la Révolution et la République, des revers, des humiliations, des pertes énormes en soldats et en argent, ne dégoûtent pas les Rois et les Aristocraties. Que leur coûtent, en effet, le sang, la sueur, le travail et l'or de leurs sujets !

Vainement toutes les capitales, Milan, Rome, Naples, Venise, Vienne, Berlin, Moscou, sont envahies par la Révolution victorieuse ; vainement la victoire dissout cinq fois la Coalition en lui dictant la paix : cinq fois cette Coalition se reforme, après quelque temps de repos, et finit par s'engager, à Chaumont (1), à faire *vingt ans* la guerre s'il le faut, pour détruire la Révolution et la Démocratie.

Elle prodigue les promesses de Liberté et de Constitution aux Peuples d'Allemagne ; mais c'est pour les *tromper*, pour les enchaîner, après avoir écrasé la Révolution par eux.

Elle déclare à la France qu'elle ne fait la guerre qu'à *Napoléon et aux Bonapartistes*, comme elle disait auparavant qu'elle ne faisait la guerre qu'aux *Jacobins ;* elle proteste qu'elle est l'amie de la Nation, et qu'elle veut respecter son indépendance : mais c'est pour la *tromper,* la *diviser, l'enchaîner ;* car elle ramène les Bourbons dans ses fourgons ; c'est avec le traître *Talleyrand* qu'elle se concerte pour arriver à Paris ; c'est par la trahison Bourbonnienne qu'elle entre dans la capitale ; c'est chez *Talleyrand* qu'Alexandre descend ; et deux heures après, il déclare qu'il ne traitera *ni avec Napoléon, ni avec aucun membre de sa famille,* ce qui est déclarer qu'il veut les Bourbons, demandés à grands cris par tous les traîtres.

La Coalition rétablit donc le successeur de Louis XVI, comme elle voulait rétablir Louis XVI lui-même : l'Autriche et la Prusse voudraient même que Louis XVIII ne donnât *aucune Charte ;* et si Alexandre insiste pour qu'il en oc-

____

(1) *Histoire populaire de la Révolution française,* t. **IV**, p. 56.

troie une, c'est qu'il croit son Empire inacessible à l'esprit révolutionnaire.

La Coalition ne partage pas la France comme elle en avait le projet, parce que ce n'est pas la force des armes qui l'a fait entrer à Paris, mais la trahison de Talleyrand, et une Capitulation qu'il serait trop dangereux de violer. D'ailleurs, Louis XVIII n'est que son *Préfet* et son *Commis*.

Réunie en Congrès à Vienne, pour soumettre tous les Peuples à la domination de l'Aristocratie, dès qu'elle apprend le débarquement de Napoléon, elle le met hors la loi par une première déclaration du 13 mars, et s'engage, par un second traité du 25, à *rétablir Louis XVIII*. — Elle se garde bien de faire connaître ce dernier traité ! — Et, malgré cet engagement formel, elle déclare de nouveau, mensongèrement, perfidement, qu'elle ne fait pas la guerre à la Nation, mais *à Napoléon seul et aux Bonapartistes*, qu'elle ne veut imposer personne à la France, et qu'elle veut la laisser libre de choisir le Gouvernement qui lui convient.

Quand, d'après cette déclaration solennelle, Napoléon abdique; quand la Représentation nationale envoie à la Coalition Lafayette et quatre autres Plénipotentiaires, pour arrêter ses armées et négocier la paix, *Blucher*, arrivé à Laon, leur déclare qu'*elle ne tient pas aux Bourbons;* ses Ministres et ses Diplomates leur déclarent aussi qu'ils n'ont pas la *prétention de se mêler de la forme du Gouvernement de la France :* mais toutes ces déclarations sont des *ruses de guerre* pour endormir, diviser, écraser ! *Fouché*, qui trahit avec cent autres traîtres, qui l'excite à se hâter sans perdre une minute, et qui lui conseille de mentir et de tromper, est d'accord avec elle pour rétablir les Bourbons. Wellington amène avec lui le Comte d'Artois ; et quand la trahison a rendu toute défense impossible, c'est lui qui lève le masque, et qui déclare enfin qu'*elle s'est engagée à rétablir Louis XVIII*.

Napoléon dira à Sainte-Hélène que Paris avait pour se défendre 120,000 soldats avec 300 pièces de canon, 36,000 gardes nationaux et 15,000 fédérés avec 6,000 canonniers et 500 canons, des fortifications et 600 pièces en batterie. Mais c'est en vain que B. Constant, secrétaire des cinq Plénipotentiaires, écrit à Paris pour recommander de *tenir huit jours*. Comment résister à la trahison de FOUCHÉ, *Président du gouvernement provisoire*, entraînant *Davoust*, Ministre de la guerre et Commandant en chef de l'Armée, *Masséna*, commandant la Garde Nationale et 'les Fédérés, etc., etc.? A quoi serviront les fortifications au *nord* et le minage des ponts, puisque Fouché a empêché les fortifications du *sud* et s'est arrangé de manière que le *pont du Pecq* fût livré par Martainville pour transporter les Prussiens sur la rive gauche? A quoi serviront les canons et les canonniers, si on leur donne des gargousses de cendre ou des boulets d'un autre calibre?

On sait combien d'autres traîtres coopèrent à la ruine de leur Patrie! On sait comment cette Coalition, qui (pour nous servir d'une expression vulgaire) faisait patte de velours, montre enfin ses griffes de vautour! Places fortes, arsenaux, chantiers, monuments, tout est pillé; tous ces canons, tous ces fusils qu'on refusait aux fédérés, sont pour elle; elle exige *deux milliards,* etc., etc.

Et la capitulation n'est rien pour la Coalition : elle exige les têtes de Ney, de Labédoyère, etc., etc.! le sang coule partout sous le poignard et sur l'échafaud...!

Et les Bourbons souffrent tout, consentent à tout, livrent tout à leur amie, même *Huningue*, *Philippeville*, et d'autres clefs du territoire appartenant à la France avant la Révolution. Ils donneraient moitié du pays si la Coalition le demandait!!!

Et pourquoi ne le demande-t-elle pas? car le démembrement est décidé depuis long-temps; la nouvelle carte est dressée; et le *Baron de Stein*, Ministre Prussien, dans sa

Gazette de Berlin, le Gouverneur-général prussien à Dusseldorf, *Justus Grummer,* dans sa proclamation de 13 avril, ont dit et redit que c'était, non à Napoléon, mais *à la Nation* qu'il fallait faire la guerre, à cette Nation turbulente, guerrière et conquérante, qui troublait l'Europe; ils ont dit qu'il fallait la diviser en provinces, comme avant la Révolution, ou en petits royaumes, comme ceux d'Allemagne, afin que l'Europe pût dormir tranquille tandis qu'ils se dévoreraient mutuellement.

Si la Coalition ne partage pas la France, c'est que les copartageants ne peuvent se mettre d'accord entre eux ; c'est qu'elle croit la France assez épuisée, assez exténuée, assez enchaînée par une armée d'occupation de 150,000 hommes, par les Gardes du Corps et la Garde royale, par des Suisses et la crainte qu'elle inspire elle-même, par des forteresses qu'elle construit en Belgique avec l'argent de la France, pour la menacer. Quel bonheur qu'elle n'ait pas l'idée de construire ces bastilles autour de Paris !

Et la Coalition trompe les Peuples comme la France. Après leur avoir prodigué les promesses de liberté et de constitutions, afin de les déterminer à donner leurs *pattes pour tirer les marrons du feu,* elle se moque d'eux, les partage comme de vils troupeaux, et rive plus étroitement leurs fers !

Dans le Congrès d'Aix-la-Chapelle, elle s'organise à perpétuité sous le nom de *Sainte-Alliance,* et déclare qu'elle ne permettra aucune révolution.

Bientôt l'Espagne et le Portugal s'insurgent contre les plus ingrats et les plus féroces des tyrans; et quoique leurs révolutions soient faites par *la partie la plus éclairée* des deux Nations; quoique l'influence de ces révolutions Espagnole et Portugaise soit bien différente de l'influence de la Révolution Française, la Coalition ne peut les tolérer; et, réunie dans de nouveaux congrès à Vérone, à Laybach, à Carlsbad, elle condamne ces Peuples à rentrer sous le joug de la plus horrible tyrannie.

Cependant, elle n'est pas prête à attaquer l'Espagne ; il faut trois ans de préparatifs. Eh bien ! elle attendra trois ans ! Mais la chose est arrêtée par elle comme par le Destin, dans trois ans, elle écrasera les révolutions Espagnole et Portugaise.

Bien plus, elle exigera de Louis XVIII qu'il emploie l'armée française à étouffer la Révolution Espagnole ; elle le menacerait, s'il avait la folie de refuser ; elle se tiendra prête à le soutenir s'il était nécessaire ; et des Russes, des Autrichiens, des Prussiens, iraient aider les soldats des Bourbons à tuer les patriotes Espagnols, abandonnés par l'Aristocratie anglaise, qui a fait semblant de vouloir les soutenir.

Et Louis XVIII, comment va-t-il s'y prendre ? Rusera-t-il comme Louis XVI, comme la Coalition, comme tous les Rois ? Sans doute ! Il dira que son armée d'invasion n'est qu'un *cordon sanitaire* contre la peste ; il criera à la calomnie et à la malveillance contre ceux qui se permettront de soupçonner sa parole de Roi ; et huit jours après cette ignoble comédie, le futur héros du Trocadéro envahira l'Espagne, escorté par les trésors de la France pour acheter des traîtres. Que de sang encore versé par la vengeance des Ferdinand et des Don Miguel !

Cependant Naples, le Piémont, veulent aussi la liberté ; et là encore ce sont *les hautes classes* qui font la révolution ; et deux Princes du sang se mettent à la tête des deux Nations. Mais la Coalition ne veut souffrir aucun changement. On connaît la trahison du Roi de Naples et des Princes royaux, les restaurations, les vengeances, le sang versé ! Proscrits Napolitains, Romains, Piémontais, Italiens, encombrent la France, avec les proscrits Espagnols et Portugais.

Tout est calme désormais : les *Carbonari* de France sont

écrasés, comme ceux d'Italie; Villèle et ses trois cents battent monnaie pour les Émigrés, à qui ils donnent un milliard d'indemnité; pour la Noblesse, à qui ils donnent le droit d'aînesse ; pour le Clergé, à qui ils donnent la loi du sacrilége.

Puis, Charles X brave l'opinion en appelant Polignac, Bourmont, Labourdonnaie.

L'Aristocratie Européenne doit donc croire la Démocratie muselée, garrottée, morte... Elle s'endort enfin sans inquiétude, tandis que Charles X ne doute pas qu'il ne puisse impunément déchirer la Charte, disant : « Si j'avais besoin du » secours de mes alliés, ce serait leur affaire autant que la » mienne. »

Mais voilà que, pendant que la Coalition dort, et que Charles X publie ses ordonnances de bon plaisir, Bourgeois et Peuple expulsent, en trois jours, Garde royale et Suisses, même les protégés de la Coalition, Charles X et l'enfant de l'Europe, le Duc de Bordeaux.

« En vérité, doit se dire la Coalition, ces Français sont incorrigibles! Il est impossible de dormir un moment tranquille! Il faut en finir avec eux! »

Qui peut douter en effet que, si la Coalition se trouvait, en 1830 comme au 20 mars, réunie en congrès à Vienne, et si elle avait ses armées sur pied comme à cette époque, elle attaquerait la France pour rétablir Charles X, comme elle a attaqué Napoléon pour rétablir Louis XVIII! Mais n'étant pas réunie, n'ayant pas ses armées prêtes, elle est forcée d'ajourner.

Et quelle peur les Rois éprouvent! quelle sympathie cette Révolution de 1830 inspire à tous leurs sujets! Quelle agitation dans tous les Peuples, trompés par eux en 1814 et 1815, irrités de n'avoir pas obtenu les Constitutions promises! Que d'insurrections, en Belgique, en Espagne, en Suisse, en Pologne, en Italie! Que de mouvements démocra-

tiques en Angleterre! Ah! si le Ministère français était national, populaire, hardi, s'il ne consultait que l'intérêt de la
France et de l'humanité, il appellerait toute la Nation aux
armes; il la porterait sur la frontière; il montrerait le drapeau de la liberté entouré d'un million de défenseurs; il déclarerait à la Coalition et aux Peuples sa résolution de s'en-
sevelir sous les ruines de la Patrie ou de faire triompher le
principe de l'indépendance de chaque Nation, de la Souveraineté de chaque Peuple, et de la *non-intervention* des Rois
dans les révolutions étrangères; il demanderait à la Coalition
la reconnaissance de ces principes, une paix prompte et
solide, et le désarmement général pour garantie; ou bien il
déclarerait la guerre, en proclamant la fraternité des Peuples. A cette attitude énergique, tous les Peuples feraient
leurs révolutions, comme la Belgique, la Pologne et l'Italie;
les Rois seraient détrônés ou paralysés sur leurs trônes
chancelants; on n'aurait pas même la guerre.... L'influence
morale de la Révolution française, l'esprit universel de justice, l'enthousiasme des Nations, la puissance de l'opinion
publique Européenne préparée depuis quarante et un ans,
produiraient plus de prodiges que n'en ont jamais produit
le génie des Généraux et la bravoure des armées; une longue
paix assurerait la prospérité du commerce et de l'industrie;
et la France, qui depuis tant d'années a fait tant de sacri-
fices pour délivrer le Monde, aurait la véritable gloire, celle
d'être la libératrice des Nations par l'ascendant de la justice et de la vérité.

Quelle faveur la Fortune vient d'offrir à la France! Quel bonheur inouï, sans pareil dans l'histoire, que cette miraculeuse
Révolution de 1830! Qu'elle a raison cette Opposition patriote
qui demande une attitude énergique! On la calomnie alors
en l'accusant de ne vouloir que guerre, désordre, anarchie,
ruine des finances, du commerce et de l'industrie... On la
calomnie; car c'est elle qui veut réellement la paix : c'est
elle qui a la véritable modération; c'est elle qui est la véritable amie de l'ordre, de l'économie, de la sécurité et de la
prospérité du commerce. Si ses conseils n'étaient pas re-
poussés, on n'aurait besoin ni d'aller à Anvers et à Ancône,

ni de tant dépenser à Alger, ni de faire des fortifications à Paris!!!

Quelle responsabilité pour les auteurs de la paix à tout prix, qui ont soumis la France à tant de reculades, à tant de lâchetés, à tant d'affronts, à tant d'ingratitude et d'iniquité envers les malheureux Polonais, Italiens, Espagnols, excités par elle et sacrifiés par son Gouvernement!

Et voyez comme les Rois ont alors le sentiment de la puissance de la France et de leur faiblesse! Le premier ministre d'Angleterre, *lord Grey*, déclarera à la tribune que, quoi que la France eût demandé, par exemple la réunion de la Belgique qui s'offrait à elle, l'Europe n'était pas en mesure de lui rien refuser.

Quel bonheur pour eux que le Ministère sorti des barricades ait adopté le système de les ménager et de les sauver! Que de reconnaissance ils lui doivent! Qu'il aurait raison de les accuser *d'ingratitude!*... Mais quel effroi doivent leur inspirer le seul souvenir de cette Révolution qui leur a fait courir un si grand péril, et la crainte de la voir se ranimer un jour! Plus que jamais ils doivent avoir la résolution d'écraser la France; car la Démocratie est plus formidable que jamais dans toute l'Europe; rien ne peut garantir l'Aristocratie qu'une nouvelle éruption, en France ou ailleurs, n'éclatera pas soudainement pour l'engloutir. Que ce soit dans cinq ans, dans dix ans, dans vingt, qu'importe à cette Aristocratie, corps perpétuel qui regarde son existence comme devant être éternelle, et qui fait des projets pour des siècles et des demi-siècles comme les individus en font pour quelques jours? Menacée de mort dans dix ou vingt ou cinquante ans, l'Aristocratie Européenne s'effraie tout autant que si elle était menacée de mort dans quelques mois. Sous cette menace, suspendue sur sa tête comme l'épée de Damoclès, il n'y a pas de milieu, il faut qu'elle se résigne à capituler et à faire des concessions progressives ou à soutenir une guerre à mort. Or, point de concessions nulle part, tandis que la

Démocratie frémit partout, en Angleterre, en Espagne, en Italie….. Par conséquent l'Aristocratie accepte la guerre à mort, à tout risque, comme l'Aristocratie française émigrait en 89, appelait l'étranger, déclarait la guerre à la Patrie, et bravait tous les périls en criant : TOUT OU RIEN (1) !

La Coalition, retenue et paralysée par les insurrections de Belgique, de Pologne et d'Italie, est donc forcée d'ajourner… Elle ajourne… A combien de temps? Tant qu'il sera nécessaire, jusqu'à ce qu'elle soit prête et que la France soit désarmée, à *trois ans* comme pour l'Espagne, à dix ou onze ans s'il le faut, jusqu'à ce qu'Henri V ait complété sa majorité (24 septembre 1841), jusqu'à ce que *le volcan se soit dévoré lui-même,* dira le Prince royal de Prusse, jusqu'à ce que *la bête soit cuite dans son jus*, dira l'ambassadeur Russe Pozzo di Borgo, jadis révolutionnaire Français.

Pendant ce temps, elle ne néglige rien pour préparer la guerre; elle conclut une *ligue commerciale* ou de douane pour bloquer la France, fait des chemins de fer pour amener plus rapidement ses troupes, se fait des visites mystérieuses, tient de petits congrès… Et d'un autre côté, elle demande au Gouvernement français toutes les concessions qui peuvent désarmer la France…

Vainement le Ministère français promet-il aux Chambres le salut de la *nationalité Polonaise*, le *désarmement général*, la démolition des places fortes élevées en 1815 pour menacer la France, la conservation d'Ancône, le maintien de l'alliance anglaise, etc. : tout est refusé par la Coalition ; l'alliance anglaise pendant sept ou huit ans n'est peut-être qu'une *ruse machiavélique* pour endormir la France, comme l'appui donné par l'Aristocratie anglaise aux Démocrates Espagnols ne sera certainement qu'un piége pour fournir à la Coalition un prétexte d'intervention et de guerre, ou tout autre piége infernal ; car l'Aristocratie anglaise ne peut pas favoriser sincèrement la Démocratie espagnole, lors-

____

(1) *Histoire populaire de la Révolution française*, t. II, p. 432.

qu'elle est le plus violent ennemi de la Démocratie et des Révolutions démocratiques.

Si le Ministère était assez fort pour obtenir des *bastilles* ; s'il était incontestablement maître absolu en France ; s'il tenait la Démocratie liée, enchaînée, ne pouvant plus remuer, peut-être la Coalition se bornerait-elle à l'applaudir, à lui demander d'enchaîner complétement la Révolution, et à l'aider à cet enchaînement.

Mais le Pouvoir n'a la puissance d'obtenir ni les bastilles, ni des apanages, etc., etc. ; la Démocratie française est donc toujours un cauchemar pour les Rois ; et la Démocratie en Angleterre, en Irlande, au Hanovre, en Italie, applaudissant à la Révolution en Espagne et en Orient, ne laisse plus de sommeil à l'Aristocratie Européenne.

Elle doit donc vouloir la guerre, aujourd'hui qu'elle est prête, que la France est désarmée, que la Garde nationale est dissoute dans beaucoup de ses principales villes, qu'Alger absorbe 50,000 hommes, qu'Ancône est rendu, et qu'Henri V a non seulement la majorité royale, mais bientôt la majorité complète.

Elle veut la guerre ; et les preuves de sa volonté surabondent. Tout le passé, tous les faits actuels la prouvent... Mais la rupture subite de l'alliance entre l'Angleterre et la France pour une nouvelle coalition entre les quatre grandes Puissances coalisées depuis 1792 à 1815, le prouverait tout seule... Une alliance entre l'Angleterre et la Russie, quand toute la politique Russe est depuis long-temps dirigée contre la puissance Anglaise dans l'Inde et dans la Méditerranée, quand le Peuple anglais a manifesté tant de sympathie pour la Pologne et tant de haine pour son oppresseur !... Une alliance à l'exclusion de la France, contre le seul allié de la France !

Et l'on se bercerait du fol espoir que les signataires du

traité de Londres n'oseront pas l'exécuter ! Comme si la Diplomatie était une assemblée d'enfant, sans prévoyance, sans courage, sans volonté ! Comme si les Congrès avaient jamais reculé devant leurs arrêts contre les Peuples, contre la France, contre la Belgique, contre l'Espagne, contre l'Italie, contre la Pologne ! Comme si l'on connaissait sur la terre quelque chose de plus inexorable que la *Diplomatie*, disposant des armées, des flottes, des trésors et des Nations !

Ecoutez d'ailleurs un journal anglais, le *Morning-Post* (*Commerce* du 19 septembre ; — *National* du 20), avouant que la Coalition est évidemment reformée contre *la Révolution, contre l'Esprit Révolutionnaire*. On commencera par l'Egypte, puis on arrivera à Alger ; et quand même le Ministère français voudrait encore entasser concessions sur concessions, il arrivera un moment où le vase, rempli goutte à goutte, sera tellement plein qu'une goutte de plus le fera couler.

Aussi l'opinion de la guerre est dans tous les esprits, à la Bourse, dans les Journaux, dans le Gouvernement même, puisqu'il jette des cris d'alarme, puisqu'il accuse le Cabinet anglais d'infidélité, puisqu'il reproche aux Rois leur *ingratitude*, puisqu'il appelle des soldats, puisqu'il fait fabriquer à la hâte des boulets et de la poudre, puisqu'il dépense 200 millions et bouleverse tout pour fortifier Paris, puisqu'il déclare la nécessité de préparer la défense tellement URGENTE qu'il ne surseoit pas huit jours pour convoquer les Chambres, puisqu'il s'expose au risque d'être accusé d'avoir VIOLÉ LA *Charte* dans un moment où toute violation pareille peut être fatale à ses auteurs.

Le Gouvernement proclame donc l'imminence de la guerre et de l'attaque par la Coalition, à moins que toutes ces démonstrations ne soient qu'une ruse pour avoir des forts ou des *bastilles.....*

Mais, oui, ces 20 forts pourraient bien n'être que des

bastilles !... Oui, nous n'en doutons pas (et nous le démon-
trerons dans une prochaine lettre), ces 20 forts sont des
bastilles ou des espèces de *bastilles...* Oui, la Coalition les
voit avec plaisir... Oui, tout ce qui se passe en Europe est
peut-être une ruse, un complot, pour donner un prétexte
ou une occasion de faire des bastilles... Oui, la liberté n'a
jamais été plus menacée... Elle est perdue si les 20 bastilles s'achèvent... « Paris embastillé, dit le journal anglais
» LE STANDARD, sera le *tombeau de la liberté de la France*; et
» avec la liberté de la France *périra l'espoir d'une liberté rai-*
» *sonnable en Europe.* » (*Commerce* du 24 sept.) Il n'y a jamais
eu de violation de la Charte ni d'usurpation de la [souve-
raineté plus flagrante, plus audacieuse et plus criminelle
que celle de M. Thiers, ordonnant 20 bastilles par une
simple ordonnance... Mais les bastilles ne se feront pas...
L'opinion publique, la volonté nationale, ne le permettront
pas. Et sans les bastilles comme avec les bastilles, c'est
toujours la guerre de l'Aristocratie contre la Démocratie et
la Liberté.

En résumé, la situation de la France et de l'Europe n'a
jamais été si grave... La guerre est suspendue sur la France ;
chacun la voit... Elle bouleverse la Bourse, elle paralyse
le commerce ; elle multiplie les faillites ; elle les rendra
bientôt innombrables ; elle produit une partie de ses dé-
sastreux effets... Les esprits s'aigrissent ; les Presses se
menacent ; les orgueils s'irritent, se blessent ; on se craint
réciproquement ; on se prépare partout.

A Sainte-Hélène, Napoléon a dit (1) : « Aucun des deux
» Empereurs ne voulait la guerre de Russie : des impru-
» dences, des maladresses d'ambassadeurs, de fausses
» démarches, de la vanité, l'amenèrent. » Que d'éléments
de ce genre pour l'amener aujourd'hui !

Et chose inouie, une flotte Russe traverse la Baltique,
franchit l'Océan, pour se rendre dans la Méditerranée, du
consentement de l'Angleterre !

(1) *Histoire populaire de la Révolution française*, t. IV, p. 547.

A quand les hostilités? Impossible de le savoir : peut-être bientôt ; peut-être dans quelque temps seulement, après de nouvelles reculades et de nouvelles concessions... Mais de nouvelles concessions ne feront qu'affaiblir la France, fortifier davantage ses ennemis, et rendre la guerre plus inévitable... Si Méhémet-Ali succombe comme la Pologne, l'Italie, etc., combien la France n'en sera-t-elle pas plus faible et ses ennemis plus puissants ! Jamais la guerre n'a été plus probable, plus certaine même, plus prochaine et plus dangereuse !

Dans de nouvelles lettres, nous examinerons la nature de cette guerre et ses périls, le caractère de la défense, l'attitude qui convient à toutes les classes de citoyens, la nécessité de l'union et de la prudence, et particulièrement la nécessité de se rallier autour du drapeau de la Réforme. Nous examinerons les questions sociales qui viennent d'agiter les Ouvriers, leur véritable intérêt, et la conduite qu'il leur importe de suivre. Nous prouverons que les fortifications projetées sont des *bastilles*, et qu'en les ordonnant dictatorialement, M. Thiers viole la Charte et commet un crime qui doit le faire mettre en accusation.

CABET.

www.ingramcontent.com/pod-product-compliance
Lightning Source LLC
Chambersburg PA
CBHW061828060726
47597CB00008B/3405